經典
少年遊

008

武則天

中國第一女皇帝

Wu Tse-t'ien
The only Empress of China

繪本

故事◎呂淑敏

繪圖◎麥震東

武則天是中國歷史上唯一一位女皇帝，
她能夠名留千古，和她傳奇的際遇，
以及勇敢果斷、賞罰分明、
敢做敢當的個性有很大的關係。
當然，還有一個重要的原因，
就是她有比一般人更強的膽識。

十四歲那年，
唐太宗看她美麗又聰慧，
便召她進宮，封她為「才人」——
也就是最基層的嬪妃，
又給了她一個號，叫「武媚」。
小小年紀就能受到賞識，
可見她確實很有魅力。

她在宮裡看到太宗處事的方式，
許多思想和作法，
自然受到這位傑出的政治家、
軍事家、好皇帝的影響。
就在她二十六歲那一年，
太宗過世了。
照例，皇帝的所有嬪妃
都被送進感業寺裡當尼姑。

武則天先前在宮裡就認識太子李治，
兩人彼此喜歡。

太宗的忌日，李治到感業寺祭拜，

8

遇到了已出家的武則天，兩人都很感傷。
李治決定再度迎她回宮。
這時的李治已經繼承王位，稱高宗了。

9

宮裡的是非本來就多，
王皇后一直沒生小孩，
她擔心有小孩的蕭淑妃太受寵愛，
將來會威脅她的地位，
所以想聯合武則天來對抗蕭淑妃。
她請高宗將武則天升為昭儀，
這個層級可比才人高多了。

高宗果然把注意力移到武則天身上，
漸漸疏遠蕭淑妃。沒多久，她生下一個公主，
這可更加引起皇后的恐慌，
於是又聯合一些大臣，
在高宗面前說武則天的壞話。

武ㄨˇ則ㄗㄜˊ天ㄊㄧㄢ索ㄙㄨㄛˇ性ㄒㄧㄥˋ狠ㄏㄣˇ了ㄌㄜ˙心ㄒㄧㄣ，誣ㄨ告ㄍㄠˋ皇ㄏㄨㄤˊ后ㄏㄡˋ去ㄑㄩˋ找ㄓㄠˇ道ㄉㄠˋ士ㄕˋ，暗ㄢˋ地ㄉㄧˋ裡ㄌㄧˇ施ㄕ用ㄩㄥˋ法ㄈㄚˇ術ㄕㄨˋ，要ㄧㄠˋ致ㄓˋ她ㄊㄚ於ㄩˊ死ㄙˇ地ㄉㄧˋ，還ㄏㄞˊ不ㄅㄨˋ斷ㄉㄨㄢˋ在ㄗㄞˋ高ㄍㄠ宗ㄗㄨㄥ面ㄇㄧㄢˋ前ㄑㄧㄢˊ說ㄕㄨㄛ蕭ㄒㄧㄠ淑ㄕㄨˊ妃ㄈㄟ的ㄉㄜ˙壞ㄏㄨㄞˋ話ㄏㄨㄚˋ。

皇帝相信了，
生氣的把皇后和蕭淑妃，
以及她們的家族全部趕出宮。

現在宮裡再沒人鬥得過她了，
她還讓皇帝立她為皇后，
稱為武后。

皇帝的身體不好，
武后便藉口「分憂解勞」，
和皇帝一起上朝聽政。
二人被稱為「二聖」。

武后非常聰明，又讀過很多書，
對於每件事都能提出看法。
皇帝乾脆把很多事情都交由她做決定，
包括判人生死，都由她下令。
漸漸的，天下大權落入她手中，
皇帝只有在一旁配合的份。

武后原本就很強勢，皇帝看她越來越跋扈，心裡難免不痛快。幾位以前和王皇后比較親近的大臣，知道皇帝的心事，建議皇帝廢掉武后，皇帝也同意。只是命令還沒下達，武后就得知消息了。

武后到皇帝面前興師問罪，皇帝結結巴巴的把責任推給大臣。武后桌子一拍，下了命令，把一竿子和她立場不同的臣子全部趕走。有的回家鄉不准參與政治，有的被貶到遠遠的邊疆捍衛國土。

武后知道她必須要有一番作為，
才能讓朝廷裡的人信服她。
因此，她給皇帝寫了
洋洋灑灑一堆建言，
譬如要減低百姓的稅賦、
要給老官員加薪、
要禁止浪費……
每一條都很得人心。

25

由於這幾年來對外戰爭節節勝利，
國土越來越大。　高宗決定登泰山封
禪以祭告天地。　在此之前，　只有秦
始皇、　漢武帝、　漢光武帝舉行過封
禪儀式，　高宗和武后成為中國歷史
上第四位享有這種榮耀的皇帝。

高宗的病越來越嚴重，
有一次暈到連眼睛都睜不開。
太醫想用針灸醫治，
武后以為太醫要謀害高宗，
氣得差點要把太醫殺掉，
還好高宗願意一試。
雖然暫時改善了病況，
但是高宗最後還是駕崩了。

高ㄍㄠ宗ㄗㄨㄥ臨ㄌㄧㄣ死ㄙ前ㄑㄧㄢ，留ㄌㄧㄡ下ㄒㄧㄚ遺ㄧ言ㄧㄢ，
要ㄧㄠ所ㄙㄨㄛ有ㄧㄡ的ㄉㄜ大ㄉㄚ臣ㄔㄣ都ㄉㄡ聽ㄊㄧㄥ從ㄘㄨㄥ武ㄨ后ㄏㄡ。
之ㄓ後ㄏㄡ中ㄓㄨㄥ宗ㄗㄨㄥ李ㄌㄧ顯ㄒㄧㄢ繼ㄐㄧ位ㄨㄟ，尊ㄗㄨㄣ武ㄨ后ㄏㄡ為ㄨㄟ皇ㄏㄨㄤ太ㄊㄞ后ㄏㄡ。
但ㄉㄢ是ㄕ過ㄍㄨㄛ了ㄌㄜ不ㄅㄨ久ㄐㄧㄡ，武ㄨ后ㄏㄡ就ㄐㄧㄡ將ㄐㄧㄤ中ㄓㄨㄥ宗ㄗㄨㄥ貶ㄅㄧㄢ為ㄨㄟ廬ㄌㄨ陵ㄌㄧㄥ王ㄨㄤ，
另ㄌㄧㄥ外ㄨㄞ立ㄌㄧ了ㄌㄜ幼ㄧㄡ子ㄗ睿ㄖㄨㄟ宗ㄗㄨㄥ李ㄌㄧ旦ㄉㄢ為ㄨㄟ傀ㄎㄨㄟ儡ㄌㄟ皇ㄏㄨㄤ帝ㄉㄧ。

掌_{ㄓㄤ}了_{ㄌㄜ}大_{ㄉㄚ}權_{ㄑㄩㄢ}，

武_ㄨ后_{ㄏㄡ}卻_{ㄑㄩㄝ}不_{ㄅㄨ}滿_{ㄇㄢ}足_{ㄗㄨ}只_ㄓ當_{ㄉㄤ}「皇_{ㄏㄨㄤ}太_{ㄊㄞ}后_{ㄏㄡ}」，

她_{ㄊㄚ}要_{ㄧㄠ}當_{ㄉㄤ}的_{ㄉㄜ}是_ㄕ「皇_{ㄏㄨㄤ}帝_{ㄉㄧ}」。

許_{ㄒㄩ}多_{ㄉㄨㄛ}官_{ㄍㄨㄢ}員_{ㄩㄢ}、 百_{ㄅㄞ}姓_{ㄒㄧㄥ}、 道_{ㄉㄠ}士_ㄕ、 和_{ㄏㄜ}尚_{ㄕㄤ}

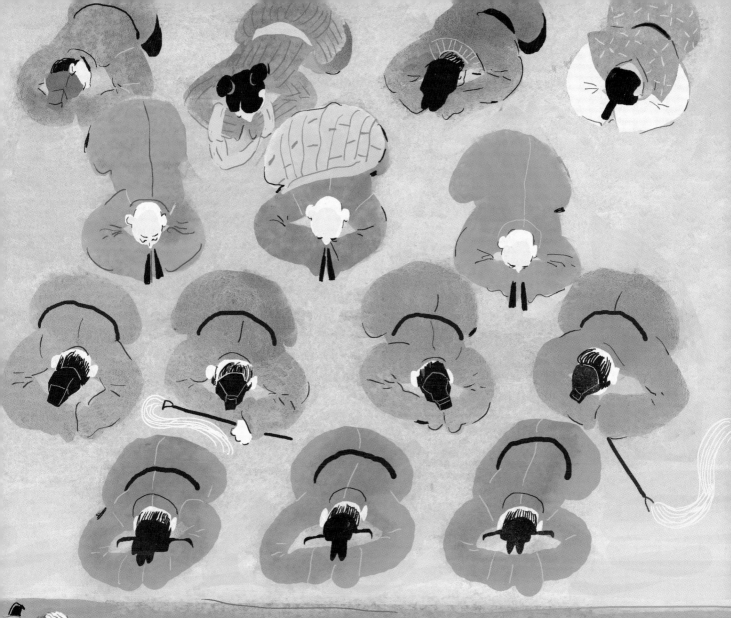

深深了解她的想法，
於是聯合起來，上書給她，
請她更改國號，立自己為帝。
她當然樂意接受。

33

武后將「唐」改為「周」，
將年號改為「天授」，
還賜睿宗與她同姓「武」，
稱自己為「聖神皇帝」，
稱洛陽為「神都」。
以李姓為主的大唐帝國完全被她奪取了。
「武周」政權正式開始。

好不容易稱帝的武皇帝，
為了要證明她的能力，
她大力舉用人才治理國家，
加強兵力鞏固邊防。
最特別的是，
她還造了好幾個新字，
並且給自己取個名叫「曌」，
表示自己像日月當空一樣光亮。

武皇帝用開放又嚴厲的手段，
讓社會秩序安定，
百姓生活富庶，
算是唐朝極為興盛的時期。

只是不管政績如何，
有許多大臣心裡仍想著「李唐」，
而不是「武周」。

武皇帝年老時，幾位大臣用強力的手段逼迫她把皇位還給廬陵王李顯。王朝終於又恢復「唐」國號。這年冬天她病逝宮中，結束傳奇的一生，享年八十二。尊號「則天大聖皇后」，後人稱她「武則天」。

武則天
中國第一女皇帝

讀本

原典解説◎呂淑敏

與武則天

相關的……

44　人物

46　時間

48　事物

50　地方

走進原典的世界

52　武則天

56　狄仁傑

60　陳子昂

64　薛仁貴

編後語

68　當武則天的朋友

69　我是大導演

武則天是中國第一位，也是正史唯一記載的女皇帝。她如何壓倒其他男性成為皇帝，帶領唐朝走向另一個高峰？

唐朝的第二個皇帝，本名李世民。他聽說武則天非常漂亮、有氣質，而將她選入後宮，並給了「媚娘」的封號，因此有時候人們也會把武則天叫做武媚娘。唐太宗死後，根據宮中的慣例，武則天被送往寺廟當尼姑。

他是唐朝時非常有名的醫生，專門研究風疾，也就是我們現在說的麻痺、中風。唐高宗頭痛的毛病是風疾的一種，因此請來張文仲替他診治。武則天晚年時，張文仲也曾經被派去找長生不老藥，是唐高宗和武則天都相當信任的醫生。

唐太宗

張文仲

相關的人物

武則天

TOP PHOTO

武則天（624～705 年）本是唐高宗的皇后，高宗有眩暈的毛病，常將國政交給她處理。後來她自封為武周皇帝，是正史記載唯一的女皇帝。她的治國能力非常傑出，也懂得善用人才。在位時社會穩定發展，死後被尊為「則天大聖皇后」，人稱武則天。

武則天被送去當尼姑前，已經和未來的皇帝唐高宗相愛。傳說唐高宗去廟裡祭拜父親時，曾經遇到武則天，兩人見面時心裡都充滿思念。但他們不能違反禮俗，高宗只能等到父親過世滿三年，守孝的時間結束，才將武則天從廟裡接回皇宮。

武則天當皇帝時，狄仁傑擔任宰相，他看人的眼光獨特，向武則天推薦了許多人才。他也化解了武則天和兒子李顯的衝突，說服武則天重新任命李顯為皇帝，避免皇宮內發生戰爭，使唐朝的繁榮可以繼續維持下去。上圖為清朝金古良《無雙譜》所繪狄仁傑。

李顯是武則天的第三個兒子，年輕的時候被認為個性軟弱，做事情沒有主見，只會聽從老婆的指示，因此被武則天免去皇帝的位置。等到武則天老了病得很重的時候，李顯才命令自己信任的將士佔領皇宮，逼迫母親交還王位，歷史上稱為「神龍政變」。

武則天的小女兒，據說神情跟母親很像，很受寵愛。她曾經協助李顯奪回王位，因此得到「鎮國太平公主」的封號。她也希望能夠像武則天一樣成為最有權力的女人，甚至秘密計畫造反，不過最後沒有成功，反而被皇帝賜死在家中。

從被選入宮中一直到成為皇帝，最終被逼迫退位病逝，武則天的一生可說是波瀾起伏。

637 年、651 年

唐太宗看中武則天的年輕美貌，在公元 637 年將她納入後宮，但真正愛上武則天的是太宗的兒子唐高宗。父親過世後，唐高宗在服喪期間時常去寺廟裡探望武則天，和她保持聯繫，並在公元 651 年將武則天重新帶回宮中，封為二品昭儀。

約 660 ～ 689 年

指皇后在皇帝身後簾幕內指導國事。唐高宗因為長年患有頭痛的毛病，無法負荷繁重的國務，因此常帶武則天一同上朝。高宗在朝上，武后隱身後方給予意見，這個形式稱為「二聖」。後來唐高宗索性將國事交給兒子和武則天，讓她以皇后身分在後方指揮。

兩次入宮

垂簾聽政

相關的時間

告密制度

周興與來俊臣

TOP PHOTO

約 686 ～ 697 年

武則天鼓勵人們上朝告密，設置了告密銅匭，並給予告密者獎賞和車馬費。同時，武則天以非常殘酷的手段對付被告密的人，造成當時朝廷內部一片恐怖的政治氣氛。左圖為清朝畫家丁善長所繪製的「請君入甕」場景，周興與來俊臣是武則天手下專門負責酷刑的兩位臣子。

690 年

武則天當皇后的幾十年間，皇室內不斷出現反對的聲音，並不是一開始就獲得眾人支持。太子李顯即位後地方接二連三發生叛變，武則天派兵鎮壓後，開始進一步利用科舉選才鞏固自己的勢力，於公元 690 年改國號為「武周」，自稱聖神皇帝。右圖為唐朝畫家張萱繪製的〈唐后行從圖〉，描繪官員們前呼後擁武后出巡的場景。

TOP PHOTO

創立武周

宣揚皇威

退位病逝

神龍政變

694 年

武則天即位後為了展示武周的國力，接見鄰近中國各少數民族的首領，並決定鑄造一根大約三十層樓高的通天大銅柱立在宮內。這個銅柱上有龍紋裝飾，以及四方民族首領的名字，武則天也親自在銅柱上題字「大周萬國頌德天樞」。

705 年

武則天晚年病得很重，只能躺在床上靜養，身邊只有她極度寵愛的張氏兄弟服侍。被廢除皇帝身份的李顯，趁這個時候帶著士兵闖進皇宮，殺死了張氏兄弟，包圍武則天養病的寢宮逼她退位，歷史上稱為「神龍政變」。

705 年

武則天八十幾歲時身體狀況已經非常衰弱，幾乎無法下床，只能躺著靜養。這一年，當時的宰相、大臣與皇宮護衛軍的首領一起發動軍事叛變，包圍武則天養病的宮殿，逼迫武則天退位。退位後不久，武則天就因病過世了。

武則天有哪些不同於一般人的眼光和能力，能夠一一解決唐朝國內外遭遇的各種問題？

TOP PHOTO

科舉制度中由皇帝親自主持的考試，由武則天首創。武則天是很擅長用人的皇帝，她認為有能力的人不應該受到富貴貧賤或階級地位的影響，應該給予發揮長才的空間，因此她創造了「殿試」的制度，親自出考題甄選合適的行政官員。上圖為殿試製度發展至北宋王安石變法時期的狀況。

殿試

相關的事物

銅匭

造字

為了掌握各方消息與諫言，唐朝時的發明家魚保家，為武則天設計了一個東西南北四面各開一口的銅匭，架設於宮門旁，分別接受謝恩、冤情、諫言以及災害、機密等四類訊息。銅匭讓武則天掌握了許多消息，但是也助長了告密的風氣，造成嚴重的抹黑與陷害現象。

武則天認為文字可以統治思想，要改革想法必須從文字開始，因此她熱衷於創造文字。最有名的是按照她的本名創造的「曌」，意思是日月的光芒照亮天空。還有一些字流傳到日本，比如「圀」就出現在德川家族的名字裡。

才人是唐朝屬於宮內嬪妃的女性官職之一。武則天初次入宮，是因為年輕貌美獲得唐太宗青睞，唐太宗將她收入後宮，封她為五品才人，在後宮屬於等級較低的職位。唐太宗還另外賜給她「媚娘」的封號，因此有時她也被稱作「武才人」或「武媚娘」。

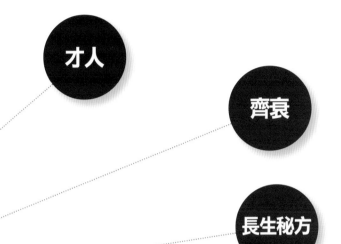

父母過世時子女必須穿戴的喪服稱為齊衰。在唐朝若有父母喪事，按照規矩，為父親必須穿戴三年喪服，為母親則穿戴一年。為了使女性獲得同等尊崇，武則天建議修改為無論父喪或母喪，同樣「齊衰三年」。

武則天一共活了八十一歲，是極少數的長壽皇帝。武則天晚年身體衰弱，開始渴望可以找到長生不老的秘方。曾經有御廚為她特製冬蟲夏草的養生醫療餐，也有御醫特地前往偏遠的廣西，用當地的泉水調製不老秘方。

屯田是由駐防邊疆的軍隊自行種植所需糧食，以節省運輸糧食之成本的政策。武周時期與中國邊界相連的吐蕃、突厥和契丹時常有騷亂，為了防禦需要軍隊長期駐守，因此武則天善用屯田政策，成功的在青海、寧夏及新疆一帶，立下了長期駐防邊界的基礎。下圖為契丹貴族畫家耶律倍繪製的〈番騎圖〉，描繪契丹人外出遊玩的景象，充分展現游牧民族的個性。

這個中國第一位的女皇帝，雖然生活都以宮廷為主，但是在她所統領的國土中，仍有許多與她相關的地方。

唐朝位於長安的佛寺，是唐太宗去世後，武則天出家的地點，約在現今西安六村堡西南方一帶。感業寺在唐朝屬於皇室，武則天出家後在此渡過了三年遠離塵世的生活，現址留有一口武則天汲水井。

中國廣西的地名，以長壽村聞名，現為瑤族自治區。唐高宗與武則天的御醫張文仲，曾經在武則天晚年時前往巴馬，以當地獨有的山泉水，調配滋養秘方獻給武則天。張文仲將巴馬的泉水稱為「可滋泉」，表示可以養顏美容、長生不老的意思。

感業寺

巴馬

相關的地方

嵩山

TOP PHOTO

中國五嶽之一，位於河南西部，地處中國的中心，又稱為中嶽。五嶽的最高峰是泰山，所以中國古代帝王常在盛世時率領眾臣登上泰山，舉辦帝王祭拜天地、受封於山岳的封禪祭典。只有武則天眼光獨具，看中嵩山的地理位置，選擇封禪中嶽嵩山。左圖為武則天在嵩山為封禪所建的行宮。

青海位於青藏高原東北部，因為在青海境內有中國最大的內陸
鹹水湖——青海湖而得名。唐高宗曾在此進行屯田制，武則天
則利用青海屯田制的作法，廣泛推行到鄰近的甘肅、內蒙、新
疆一帶。

青海

乾陵

武則天與唐高宗合葬的墓地，是歷代帝王陵墓保存最完整的
一座。「乾」是八卦的西北方位，此墓地位於長安的西北方，
因此稱為乾陵。乾陵在陝西梁山上，入口相當隱蔽，唐朝滅亡
後一直到 1960 年代才被發現，挖掘出完整的城牆、無字碑及
十七個陪葬墓。上圖為唐中宗為武則天立於乾陵的無字碑。

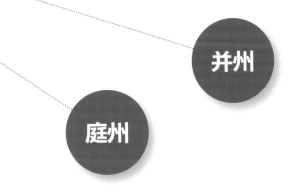

并州

庭州

中國古地名，現在的山西太原一帶。武則天的故鄉在并州文水
縣，父親原本是當地的木材商，靠著隋朝運河工程獲利，當上
小官。後來他投靠李淵，在隋朝末年的戰事中以并州為據點協
助他，成為唐朝的開國功臣之一。

北庭都護府是武則天設置於西北方邊疆的行政管理單位，管轄範圍為
天山北方的庭州。庭州的位置約在現在的新疆吉木薩爾，這個地區是
唐朝與突厥族長期爭奪的軍事重地，因此武則天在此推廣屯田，並設
置北庭都護府，專責邊境管理。

武則天

　　武則天十四歲入宮時，她的母親擔心她的安危，禁不住痛哭。沒想到她反而安慰母親說：「我去見皇上，說不定能帶給我好運，您就別為我傷心了。」

　　一個人的膽識確實有幾分是天生的，武則天入宮沒多久就聽說太宗有一匹名叫「獅子驄」的烈馬，沒人能馴服，她自告奮勇說：「只要給我鐵鞭、鐵鎚和匕首，我就有辦法讓牠乖乖聽話。」太宗非常愛馬，當然不可能讓她用強烈的方式馴馬，不過這次的表現，也讓太宗對她留下深刻的印象。

　　膽識、自信固然好，過度了卻反而容易遭人利用。武則天的姪兒武承嗣巴望能藉姑媽的庇蔭攀上高位，所以自導自演一齣「洛出書」的戲碼來討好姑媽。他派人在一塊白石頭上刻了「聖母臨人，永昌帝業」八個字，再用藥物粉末把石頭做成黑黑、怪怪的樣子，好像是從不知名的地方飛來掉落洛河邊小潭的「天外之物」，再派

見天子庸知非福，何兒女悲乎？

—《新唐書‧高宗則天武皇后傳》

人從水裡把它撈出來，獻給朝廷，以符合《易經‧繫辭》「河出圖，洛出書，聖人則之。」的說法。

　　武則天很高興看到暗示她可以永遠當政的假寓言，便立刻命這塊石頭為「寶圖」，並且對武承嗣大為器重。一些和尚知道武則天篤信佛教，也著手撰寫《大雲經》，指武則天是彌勒佛轉世。武則天下令讓這部經傳頒布天下，還命和尚薛懷義率人毀掉乾元殿，興建明堂和大佛像。各少數民族首領甚至共同出主意，在洛陽皇城正南門外豎立一百零五尺高，直徑一丈二尺的「天樞」；縱使耗盡全國的銅鐵，也要從百姓那兒徵收經費和物資，來記載武則天的豐功偉業。

　　像這種要豎立威儀反而引起民怨的做法，不正是迷失在膽識和自信下的後遺症嗎？

太后雖濫以祿位收天下人心，然不稱職者，尋亦黜之，或加刑誅。挾刑賞之柄以駕馭天下，政由已出，明察善斷，故當時英賢亦況為之用。——《資治通鑑·唐紀》

《資治通鑑》上記載：太后雖然會以功名利祿收攏人心，不過一旦發現有人不稱職，也絕不寬容。她運用賞和罰的利器，讓人替她行使她的政治理想，實在是非常聰明的辦法；在當時也確實有許多英明的人願意為她效命。一個例子可見她渴求人才的氣度。

武則天廢掉皇帝，奪取權力，強勢橫行的時候，擁護舊勢力的大臣都將她視為叛逆。當時徐敬業有意反抗，便請駱賓王寫一篇〈為徐敬業討武曌檄〉斥責武則天，以作為起義的正當理由。檄文裡有一句「一抔之土未乾，六尺之孤安在」。這段話指責武則天：「高宗才過世沒多久，墳上的土都還沒乾，你竟然把太子貶到遠遠的地方。」武則天看到這句話，睜大眼睛問：「這是誰寫的？」人家告訴她是駱賓王。沒想到她不但沒生氣，反而說：「這麼好的人才，怎麼沒把他延攬來當宰相？」可見她對有才氣的人的賞識，是不受

情緒影響的。

　她一向認為：天下那麼大，不能只靠一個人撐起來，一定得找有才幹的人共同努力才能發揮效果。所以，凡是具備雄才大略的人，不論百姓或貴族，不論有沒有名氣，她都樂意接收「推薦」或「自薦」，讓有心大展身手的人當官試試看。她也透過考試選拔人才，不僅文才有「殿試」，武才也有「武舉」。從輔佐高宗到她獨立執政這段時期，平均每年所入選的進士，要比太宗時期多了一倍以上，可說是人才濟濟。

　武則天的做事態度和方法，有很遭人議論的地方，也有很讓人讚揚的地方，像她這樣文武兼顧的取才制度，一直延續到清朝晚期，應該可以算是值得後世學習的正面的示範了。

狄仁傑

　　狄仁傑是武則天臨朝時的宰相，剛正不阿，很得民心，也深得武則天信任。豫州刺史越王李貞造反，武則天派宰相張光弼出兵平定，張光弼仗勢作戰立功，大肆搜刮擄掠，惹得民怨四起。狄仁傑被派任豫州刺史，他安撫百姓、穩定局勢，並責備張光弼：「你領三十萬軍，平定一名亂臣，還拖累無辜，豈不比亂臣更可怕！我真恨不得賠上一條命，砍你腦袋以告慰生靈。」

　　狄仁傑說得義正詞嚴，張光弼無言以對，卻懷恨在心。回朝後，一狀告到武則天那裡，說狄仁傑侮辱功臣，害得狄仁傑被降職。

　　武則天問他：「你想知道是誰告你狀嗎？」狄仁傑說：「陛下認為我沒錯，那是我的萬幸，認為我有過錯，我會改正。至於是誰告的狀，我並不想知道。」

　　武則天嘆服他的坦蕩，武承嗣卻將他視為眼中釘，暗中勾結來俊臣誣告狄仁傑，以及會阻礙他登太子位的臣子。當時法律中有一

陛下以為過，臣當改之；以為無過，臣之幸也。譖者
乃不願知。 ──《新唐書‧狄仁傑傳》

條款：認罪者可免除死刑。來俊臣以險惡的手段逼迫他們承認「謀
反」，出於不得已，狄仁傑只好認罪。

　　來俊臣將狄仁傑等人收監待刑。趁著戒備放鬆，狄仁傑寫了冤
狀塞進棉衣裡層，請獄吏轉給家人，說天冷，舊棉須換新棉才能禦
寒。狄仁傑的兒子因此搜出冤狀，拿到武則天面前申冤。武則天召
狄仁傑問：「為什麼要承認謀反？」狄仁傑回答：「若不承認，老
早死在酷刑下。」武則天又問：「為什麼要寫謝死表？」狄仁傑答：
「那不是我寫的。」武則天令人拿出謝死表，才弄清楚是偽造的。
於是下令釋放與這個案子有關的七個人。

　　狄仁傑的磊落、機智與無所懼，深得武則天肯定，
武承嗣多次奏請殺掉狄仁傑，也都被武則天拒絕了。

仁傑薨，太后泣曰：「朝堂空矣。」

——《續世說‧寵禮》

　　狄仁傑的諫言對武則天有非常正面的影響。武則天晚年為立太子取決不下時，狄仁傑建議她順應民心，還政於廬陵王李顯。他以親情的角度勸說：「立兒子為太子，天經地義，永遠站得住腳。卻沒聽過為了當太子，姪子依附在姑母名下的事。」武則天說：「這是我的家事，你不必多管。」狄仁傑回答：「天子以四海為家，四海之內的事都是陛下的家事。君臣本是共同體，何況我是宰相，怎麼可以不管呢？」武則天覺得狄仁傑說得沒錯，便聽從他的意見，親自迎接廬陵王李顯回宮，立為皇嗣。

　　有一年夏天，武則天在三陽宮避暑，一名胡人和尚請她去觀看安奉舍利，也就是佛骨。將佛教奉為國教的武則天當然答應，馬上決定前往。狄仁傑卻啟奏說：「佛是外國神，怎能勞駕您呢？胡人和尚只想利用您的尊貴來宣揚他自己而已。」武則天接受他的說法。

秋天，武則天又想造大佛像，費用極為龐大，宮裡無力支付的部分，要令所有的尼姑和尚出錢相助。狄仁傑又上奏說：「佛陀創教，慈悲為懷，怎能勞民傷財，做一些形式功夫呢？近年邊疆常有動亂，萬一耗盡國庫，戰事又起，要怎麼應付？」武則天想想，不無道理，也打消主意。

　　狄仁傑直諫的例子很多，他不僅甘冒生命的危險，也不怕被人搶了風光。只要是有才華的人，他都盡量推薦，所推舉的人也都能成為朝廷棟梁。武則天對他的無私和正直極為尊重，她不喊狄仁傑名字，而稱他「國老」。幾次狄仁傑要告老還鄉，她都不答應。狄仁傑九十三歲過世時，武則天還嘆息：「朝廷上已經沒有別的人了！」

陳子昂

　　陳子昂，字伯玉，生長在富有人家，從小就有豪俠的性格，成年後才真正發憤圖強。他關心國事又擅寫作，是個具有政治見識和政治才能的文人。

　　子昂二十四歲考上進士，武則天召見他，見他外表溫和，言論卻慷慨有力，因此決定重用他。直言敢諫的個性，讓他敢於對武則天朝廷的不少弊政提出批評。由於言辭太過犀利，常違逆武則天的意思，有一度還因「逆黨」被關進牢裡。政治抱負受到打擊，讓他的心情十分苦悶，只好藉詩歌抒發情緒。他的詩歌內容充實，文字樸素又有力，張九齡、李白都受他啟發。杜甫不少關心國事民生的詩篇，也明顯的受他影響。

　　「前不見古人，後不見來者。念天地之悠悠，獨愴然而涕下！」這首〈登幽州臺歌〉便是出自他的筆下。

　　這首詩是他隨建安王武攸宜出征契丹的時候寫成的。當時契丹

武后奇其才，召見金華殿。子昂貌柔野，少威儀，而
占對慷慨，擢麟台正字。 ——《新唐書·陳子昂傳》

人侵犯營州，武則天命武攸宜征討，陳子昂擔任參謀。武攸宜不聽
意見又不具謀略，先鋒部隊很快被契丹打敗，幾乎全軍覆沒。武攸
宜獲知消息，非常驚駭，卻畏懼敵人的威武，不敢再發兵。

　　陳子昂認為身為將領，在危難時，不可因太疼惜自己的性命而
不援助前線士兵，於是建議以奇兵勝驕敵，請武攸宜給他一萬兵馬，
由他領兵迎敵，可惜沒被採納。他一次又一次的進言，最後觸怒了
武攸宜，乾脆下一道命令，將他降職為軍曹。

　　詩人報國無門，便登上幽州臺慷慨悲歌。他俯仰
古今，縱望天地，思緒澎湃，感慨萬千，寫下這首傳
誦千古的詩歌。

　　生不逢時、懷才不遇是歷來許多有才能的知識分
子的共同經歷。陳子昂也是鬱鬱終生，所幸還留下一
些詩歌，讓後人明白他憂國憂民的心情。

天下有危機，禍福因之而生。機靜則有福，動則有禍，百姓安則樂生，不安則輕生者是也。今軍旅之弊，夫妻不得安，父子不相養，五六年矣。

——《新唐書‧陳子昂傳》

　　隋唐以來的一段時期，疆土擴大，戰爭頻繁，隨軍的人才需求量也相對增加，有些仕途失意的文人，便轉向軍中發展，企圖從不同的領域尋求可以貢獻才能機會。

　　陳子昂在二十六歲、三十六歲時各有一次隨軍出征邊塞的經歷，他對邊塞的生活及戰爭帶給百姓的恐懼，有更深層的體會。因此也曾上書給武則天說：「天下有大變動的時候，禍害與福樂就會因應而生。往平和的方向變，就能帶來福樂，往動亂的方向變，就會產生禍害。如今軍隊長征，害得夫妻不得相安相守，父子不能相扶養相孝敬，這樣已有五六年了。」提醒她不要再讓戰爭一直延續。

　　大唐國威的建立靠的是征戰，征戰的部隊靠的是徵兵，徵兵不足便要抓兵，百姓家有丈夫被抓，有兒子被抓，老弱婦孺守在家門，盼著可能永遠也回不來的親人，是多麼悽慘的事。於此同時卻又有邊官貪暴利而魚肉百姓，百姓不堪強索，又無力營生，只好逃亡，

或結夥搶劫，淪為盜匪……。陳子昂洞察國家安危的遠見，關懷人民疾苦的熱情，無不表露在他的作品中。他的〈感遇詩〉三十八首中，有：

蒼蒼丁零塞，今古緬荒途。亭堠何摧兀，暴骨無全軀。
黃沙幕南起，白日隱西隅。漢甲三十萬，曾以事匈奴。
但見沙場死，誰憐塞上孤。

這首詩寫盡了他對長征萬里，枉死沙場士兵的感懷。

可惜，再大的抱負和悲憫也抵不過現實的催逼，三十八歲時，他飽受打擊，不得已辭職還鄉，沒多久就被陷害，冤死獄中了。

《資治通鑑》有四、五處引用他的奏疏、政論。後人認為陳子昂不只是「好文人」，而且有「臣相」的才華，實在不誇大。

薛仁貴

　　薛禮，字仁貴，是唐太宗、唐高宗時期很有名的將軍。父親薛軌在他很小的時候就過世，家裡務農維生。他閒暇時多用來讀書和練武，長大後娶柳氏為妻子。有一年，他想重修祖墳，柳氏勸他快去投軍，説：「你不是想有一番作為顯耀宗族嗎？等你富貴回鄉時再來修墳也不晚。」薛仁貴就是在這位頗有見地的妻子勸説下，應徵參軍，贏得了赫赫的戰功。

　　貞觀十九年，唐太宗下令遠征高句麗，薛仁貴應募從軍。唐軍前鋒連勝高句麗守軍，高句麗莫離支派將軍高延壽率領二十萬兵抵拒。唐太宗命所有的將軍率兵分頭進擊。薛仁貴仗恃自己英勇強悍，想要建立戰功，於是穿上和大家都不一樣的白色衣甲，手拿方天戟，腰間掛著兩張弓，衝鋒陷陣，殺出一條血路。唐軍隨後跟進，大敗高句麗軍。唐太宗問旁邊的人：「打先鋒那個人是誰？」人家告訴他：「是薛仁貴。」唐太宗特地召見薛仁貴，賜他兩匹馬，四十匹絹，並將他升為游擊將軍，派他駐守皇宮的玄武門（北門）。唐太宗對

朕舊將皆老，欲擢驍勇付閫外事，莫如卿者。朕不喜
得遼東，喜得虓將。——《新唐書·薛仁貴傳》

薛仁貴說：「朕的舊
將都已年老，想選拔
驍勇可以託付征戰大
任的人，再沒人比得上你了。朕高興的不是得到高句麗，而
是得到一名大將。」

　　征高句麗後到唐高宗時期，薛仁貴一直守衛玄武門。永
徽五年，唐高宗到萬年宮，第一天夜裡就遇山洪暴發，直衝
萬年宮北門。衛士們看到水勢凶猛，都各自逃走，薛仁貴大
喊：「天子還在裡面，你們怎麼能貪生怕死！」於是登上宮
門，朝裡呼叫。唐高宗聽到了，急忙往高處跑。回頭看時，
大水已湧進他的寢殿。躲過這次大難，唐高宗非常感激薛仁
貴，特別賜給他御馬一匹。

　　由於薛仁貴的英勇表現，能受高宗器重也是無庸置疑。

身帥士，遇賊輒破，殺萬餘人，拔其城，因旁海略地，
與李勣軍合。 ——《新唐書·薛仁貴傳》

　　薛仁貴遠征高句麗連連勝利。唐高宗命鄭仁泰為主將，薛仁貴
為副將，領兵攻打回紇九部落。唐高宗設宴餞行時，對薛仁貴說：
「古時候有射擊高手可以一箭射穿七具鎧甲，你試試能不能一箭射
穿五具鎧甲。」薛仁貴排好鎧甲，取箭射去，只聽弓弦響過，箭已
穿透五具鎧甲。唐高宗嘆服於他的臂力，趕緊賞賜他更堅固的甲冑。

　　兩位將軍率軍出征，回紇九部落派十幾萬兵出迎，並令驍勇的
騎士數十人前來挑戰。薛仁貴連發三箭，射死三人，其餘全下馬投
降。薛仁貴趁勝追擊敗兵，並擒拿首領兄弟三人。收兵後，軍中傳
唱：「將軍三箭定天山，壯士長歌入漢關。」從此，回紇再也不敢
挑釁。

　　高宗和武則天泰山封禪後，為了宣揚國威，便派龐同善、高品

前去平撫高句麗的內亂，龐同善受到襲擊，薛仁貴率兵兩千，進攻高句麗重鎮扶餘城支援。由於雙方人數懸殊，部將都勸他不要輕率入城，薛仁貴說：「打勝仗的關鍵不在士兵人數，而在戰術優劣。」這次戰役他果然又勝，扶餘城的百姓看到他的大將風範，紛紛前來依附。薛仁貴受命留守平壤時，也撫育孤兒，善待老人，懲治盜賊，擢拔賢良，讓百姓安居樂業，因此高句麗人對薛仁貴十分信服。

　　不過他率軍十餘萬征討吐蕃時，卻全軍覆沒，嘗到唯一的敗仗，並被貶為庶人。後來高句麗地區相率叛唐，唐高宗才再度起用他經略遼東。

　　薛仁貴七十二歲過世，畢生戰績輝煌，他勇於作戰、擅用兵又懂謀略，為唐朝前期的強盛做出很大的貢獻。他的兒子薛訥與父親同樣英勇，也很得武則天重用，並承繼父業，大破突厥，為開疆闢土立下大功勳。

當武則天的朋友

一千多年以前的中國，女性的地位可是很卑微的，哪裡像現代社會，到處都是獨立又事業有成的女強人。當時的女性，必須遵守「三從四德」、「男主外女主內」的限制，被拘束在嚴謹的傳統禮節中。

但是，有一位聰明勇敢的女性，卻在那樣的環境中脫穎而出，向眾人展示自己的治理能力，並且受到世人景仰。她，就是一代女皇——武則天。

誰說女人沒有能力治理國家？在武則天統治期間，國家太平，上承「貞觀之治」，下啟「開元盛世」。雖然她也會犯錯，但她的豐功偉業，以及所開創的鼎盛唐朝，讓人不容忽視。

武則天的膽識，賦予她不平凡的人生。當女孩在臥房裡做女紅時，她則在書房裡用功讀書，學習治國。當婦女在家裡相夫教子時，她卻努力在深宮中嶄露頭角。而後即位為帝，開創「武周」政權，搖身一變成為中國第一個女皇帝。

而武則天同時也是一位好妻子，懂得體貼高宗，幫忙高宗處理政事，提出建言。若武則天生在現代，肯定能將家庭管理得有聲有色，或許還會是位傑出的企業家！

一個女性在傳統保守的風氣中頂天立地，以豪氣萬千的姿態屹立在文武百官面前，依靠的就是那股非凡的自信。因此，不管你是男或是女，若面對事情畏畏縮縮、擔心這個、害怕這個，可能永遠都不會進步，永遠都不知道自己的極限會在哪裡。這個時候，看著武則天這位朋友，學習她的自信與勇氣，那麼就算最後失敗了，別人也會尊敬你，給予肯定的眼光。

我是大導演

看完了武則天的故事之後，
現在換你當導演。
請利用紅圈裡面的主題（女皇帝），
參考白圈裡的例子（例如：膽識），
發揮你的聯想力，
在剩下的三個白圈中填入相關的詞語，
並利用這些詞語畫出一幅圖。

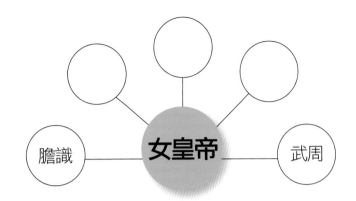

膽識　　女皇帝　　武周

◎ 少年是人生開始的階段。因此,少年也是人生最適合閱讀經典的時候。

因為,這個時候讀經典,可以為將來的人生旅程準備豐厚的資糧。

因為,這個時候讀經典,可以用輕鬆的心情探索其中壯麗的天地。

◎ 【經典少年遊】,每一種書,都包括兩個部分:「繪本」和「讀本」。

繪本在前,是感性的、圖像的,透過動人的故事,來描述這本經典最核心的精神。

小學低年級的孩子,自己就可以閱讀。

讀本在後,是理性的、文字的,透過對原典的分析與說明,讓讀者掌握這本經典最珍貴的知識。

小學生可以自己閱讀,或者,也適合由家長陪讀,提供輔助說明。

001 黃帝　遠古部落的共主
The Yellow Emperor:The Chieftain of Ancient Tribes
故事／陳昇群　原典解說／陳昇群　繪圖／BIG FACE

遠古的黃河流域,衰弱的炎帝,無法平息各部族的爭戰。在一片討伐、互鬥的混亂局勢裡,有個天生神異、默默修養自己的人,正準備崛起。他,就是中華民族共同的祖先,黃帝。

002 周成王姬誦　施行禮樂的天子
Ch'eng of Chou:The Establishment of Chinese Etiquette
故事／姜子安　原典解說／姜子安　繪圖／簡漢平

年幼即位的周成王,懷抱著父親武王與叔叔周公的期待,與之後繼位的康王,一同開創了「成康之治」。他奠定了西周的強盛,開啟了五十多年的治世。什麼刑罰都不需要,天下無事,安寧祥和。

003 秦始皇　野心勃勃的始皇帝
Ch'in Shih Huang:The First Emperor of China
故事／林怡君　原典解說／林怡君　繪圖／LucKy wei

綿延萬里的長城、浩蕩雄壯的兵馬俑,已成絕響的阿房宮……這些遺留下來的秦朝文物,代表的正是秦始皇的雄心壯志。但是風光的盛世下,卻是秦始皇實行暴政的證據。他在統一中國時,也斷送了秦朝的前程。

004 漢高祖劉邦　平民皇帝第一人
Kao-tsu of Han:The First Peasant Emperor
故事／姜子安　故事／姜子安　繪圖／林家棟

他是中國第一個由平民出身的皇帝,為什麼那麼多人都願意為他捨身賣命?憑什麼他能和西楚霸王項羽互爭天下?劉邦是如何在亂世中崛起,打敗項羽,成為漢朝的開國皇帝?

005 王莽　爭議的改革者
Wang Mang:The Controversial Reformer
故事／岑澎維　原典解說／岑澎維　繪圖／鍾昭弋

臣民都稱呼他為「攝皇帝」。因為他的實權大大勝過君王。別以為這樣王莽就滿足了,他覬覦的可是真正的君王寶位。於是他奪取王位,一手打造全新的王朝。他的內心曾裝滿美好的願景,只可惜最終變成空談。

006 北魏孝文帝拓跋宏　民族融合的推手
T'o-pa Hung:The Champion of Ethnic Melting
故事／林怡君　原典解說／林怡君　繪圖／江長芳

孝文帝來自北魏王朝,卻嚮往南方。他最熱愛漢文化,想盡辦法要讓胡漢兩族的隔閡減少。他超越了時空的限制,不同於一般君主的獨裁專制,他的深思遠見、慈悲寬容,指引了一條民族融合的美好道路。

007 隋煬帝楊廣　揮霍無度的昏君
Yang of Sui:The Extravagant Tyrant
故事／劉思源　原典解說／劉思源　繪圖／榮馬

楊廣從哥哥的手上奪走王位,成為隋煬帝。他也從一個父母眼中溫和謙恭的青年,轉而成為嚴格殘酷的帝王。這個任意妄為的皇帝,斷送了隋朝的未來,留下昭彰的惡名,卻也樹立影響後世的功績。

008 武則天　中國第一女皇帝
Wu Tse-t'ien:The only Empress of China
故事／呂淑敏　原典解說／呂淑敏　繪圖／麥震東

她不只當上中國第一個女皇帝,她還想開創自己的朝代,把自己的名字深深的刻在歷史的石碑上。她還想改革政治,找出更多人才為國家服務。她的膽識、聰明與自信,讓她註定留名青史,留下褒貶不一的評價。

◎ 【經典少年遊】，我們先出版一百種中國經典，共分八個主題系列：

詩詞曲、思想與哲學、小說與故事、人物傳記、歷史、探險與地理、生活與素養、科技。

每一個主題系列，都按時間順序來選擇代表性的經典書種。

◎ 每一個主題系列，我們都邀請相關的專家學者擔任編輯顧問，提供從選題到內容的建議與指導。

我們希望：孩子讀完一個系列，可以掌握這個主題的完整體系。讀完八個不同主題的系列，

可以不但對中國文化有多面向的認識，更可以體會跨界閱讀的樂趣，享受知識跨界激盪的樂趣。

◎ 如果說，歷史累積下來的經典形成了壯麗的山河，那麼【經典少年遊】就是希望我們每個人

都趁著年少，探索四面八方，拓展眼界，體會山河之美，建構自己的知識體系。

少年需要遊經典。

經典需要少年遊。

009 唐玄宗李隆基　盛唐轉衰的關鍵
Hsuan-tsung of T'ang:The Decline of the T'ang Dynasty

故事／呂淑敏　原典解說／呂淑敏　繪圖／游峻軒

他開疆闢土，安內攘外。他同時也多才多藝，愛好藝術音樂，還能譜曲演戲。他就是締造開元盛世的唐玄宗。他創造了盛唐的宏圖，卻也成為國勢衰敗的關鍵。從意氣風發，到倉皇逃難，這就是唐玄宗曲折的一生。

010 宋太祖趙匡胤　重文輕武的軍人皇帝
T'ai-tsu of Sung:The General-turned-Scholar Emperor

故事／林哲璋　原典解說／林哲璋　繪圖／劉育琪

從黃袍加身到杯酒釋兵權，趙匡胤抓準了時機，從軍人成為實權在握的開國皇帝。眼見藩鎮割據的五代亂象，他重用文人，集權中央。他開啟了平和的大宋時期，卻也為之後的宋朝埋下被外族侵犯的隱憂。

011 宋徽宗趙佶　誤國的書畫皇帝
Hui-tsung of Sung:The Tragic Artist Emperor

故事／林哲璋　原典解說／林哲璋　繪圖／林心雁

他不是塊當皇帝的料，玩物喪志的他寧願拱手讓位給敵國，只求能夠保全藝術珍藏。宋徽宗的多才多藝，以及他的極致享樂主義，都為我們演示了一個富有人格魅力、一段段充滿人文氣息的小品集。

012 元世祖忽必烈　草原上的帝國霸主
Kublai Khan:The Great Khan of Mongolia

故事／林安德　原典解說／林安德　繪圖／AU

忽必烈──草原上的霸主！他剽悍但不霸道，他聰明而又包容。他能細心體察冤屈，揚善罰惡；他還能珍惜人才，廣聽建言。他有著開闊的胸襟和寬廣的視野，這個馳騁草原的霸主，從馬上建立起一塊遼遠的帝國！

013 明太祖朱元璋　嚴厲的集權君王
Hongwu Emperor:The Harsh Totalitarian

故事／林安德　原典解說／林安德　繪圖／顧珮仙

從一個貧苦的農家子弟，到萬人臣服的皇帝，朱元璋是怎麼辦到的？他結束了亂世，將飽受戰亂的國家，開創另一個新局？為什麼歷史評價如此兩極，既受人推崇，又遭人詬病，究竟他是一個好皇帝還是壞皇帝呢？

014 清太祖努爾哈赤　滿清的奠基者
Nurhaci:The Founder of the Ch'ing Dynasty

故事／李光福　原典解說／李光福　繪圖／蘇偉宇

要理解輝煌的清朝，就不能不知道為清朝建立基礎的努爾哈赤。他在明朝的威脅下，統一女真部落，建立後金。當他在位時期，雖然無法成功消滅明朝，但是他的後人創立了清朝，為中國歷史開啟了新的一頁。

015 清高宗乾隆　盛世的十全老人
Ch'ien-lung:The Great Emperor of the Golden Age

故事／李光福　原典解說／李光福　繪圖／唐克杰

乾隆在位時期被稱為「康雍乾盛世」，然而他一方面大興文字獄，一方面還驕傲的想展現豐功偉業，最終讓清朝國勢日漸走下坡。乾隆讓我們看到了輝煌與鼎盛，也讓我們看到盛世下的陰影，日後的敗因。

經典 。
少年遊

youth.classicsnow.net

008
武則天 中國第一女皇帝
Wu Tse-t'ien
The only Empress of China

編輯顧問（姓名筆劃序）
王安憶 王汎森 江曉原 李歐梵 郝譽翔 陳平原
張隆溪 張臨生 葉嘉瑩 葛兆光 葛劍雄 鄭培凱

故事：呂淑敏
原典解說：呂淑敏
繪圖：麥震東
人時事地：詹亞訓

編輯：張瑜珊 張瓊文 鄧芳喬
美術設計：張士勇
美術編輯：顏一立
校對：陳佩伶

企畫：網路與書股份有限公司
出版者：大塊文化出版股份有限公司
台北市10550南京東路四段25號11樓
www.locuspublishing.com
讀者服務專線：0800-006689
TEL：+886-2-87123898
FAX：+886-2-87123897
郵撥帳號：18955675
戶名：大塊文化出版股份有限公司
法律顧問：全理法律事務所董安丹律師

總經銷：大和書報圖書股份有限公司
地址：新北市新莊區五工五路2號
TEL：+886-2-8990-2588
FAX：+886-2-2290-1658
製版：沈氏藝術印刷股份有限公司

初版一刷：2013年1月
定價：新台幣299元